Katrin Leißner

Scherben

BOOKS on DEMAND

Katrin Leißner

Scherben

Ein Mosaik aus Gedichten
über Drogen, Hoffnung,
Selbstmord, Liebe, Angst,
Alkohol, Sehnsucht, Mord,
Freude und Leid

Bibliografische Information der Deutschen Nationalbibliothek:
Die Deutsche Nationalbibliothek verzeichnet diese Publikation in der
Deutschen Nationalbibliografie; detaillierte bibliografische Daten sind
im Internet über http://dnb.dnb.de abrufbar.

Copyright © 2018 – Katrin Leißner
U. Wanner, Borsigstraße 20, 63110 Rodgau
E-Mail: katrin-leissner@web.de

Autorin: Katrin Leißner
Covermotive: Katrin Leißner
Gedichte: Katrin Leißner
Zeichnungen/Malereien: Katrin Leißner

Herstellung und Verlag: BoD – Books on Demand, Norderstedt
ISBN: 9783752879988

Inhalt

Das Buch

Katrin Leißner stellt mit diesem Büchlein eine kleine Auswahl ihrer Gedichte und Bilder vor. Mit intimen Fragmenten ihres künstlerischen Schaffens gewährt die Autorin Einblicke in das Labyrinth ihrer Gedanken und Gefühlswelten. Die Gedichte und Bilder wirken wie Teile eines zerstörten Puzzles, die nicht mehr zusammenpassen. Es sind die Scherben einer ungestillten Sehnsucht nach Liebe und Geborgenheit. Ein Mosaik aus Licht und Schatten. Der Seelenspiegel der Autorin.

Rückschauen

Katrin Leißner 2003 bis 2018

Warum

Deine Hand

Zu weit und zu nah

Dazwischen die Angst

Und ich frage mich

Warum es geschah

Ich möchte geben ohne zu
nehmen

Doch was bleibt davon übrig

Ein lächerliches Benehmen

Berührungen

Deine Hand
Zu weit und zu nah

Drogen

Ich lass mich nicht mehr
abfüllen mit Euren Drogen

Sie haben so viele schon
betrogen

Himmelhochjauchzend zu Tode
betrübt

Merkt Ihr nicht, dass Ihr lügt

Was hat es uns gegeben, was uns
genommen

Am Ende verkommen

Nach dem Aufstieg kommt der
Fall

Zu sehen am Hauptbahnhof
überall

Machen wir uns gegenseitig Mut

Wird hoffentlich alles gut

Humor

Ohne ihn möchte ich nicht
leben

Was ist es, wonach wir streben

Willst Du froh durchs Leben
gehen

Versuche alles von oben zu
sehen

Von unten ist es auch ganz nett

Glücklich gehe ich zu Bett

Rege Dich nicht künstlich auf

Es nimmt schon alles seinen
Lauf

Sorgen – vertreibe sie mit
Deinem Lachen

Tue Dinge, die Dir Freude
machen

Mord

Geraten Deine Gefühle aus dem
Lot

Eifersucht, Hass, Neid und Wut

Plötzlich schlägst Du einen
Menschen tot

Dazu fehlt Dir Gott sei Dank der
Mut

Wanderst Du sonst hinter Gitter

Kein Mensch will Dich mehr

Bei dem Gedanke ich erzitter

Lästerzungen

Schneid' sie ab, die bösen
Lästerzungen

Sie reden hinter Deinem Rücken

Irgendwann ist es zu Dir
durchgedrungen

Wie sie Dir eine reindrücken

Sie lachen Dir ins Gesicht

Und zerreißen sich die Mäuler

Für sie ist dieses Gedicht

Natur

Wir sind dabei sie zu zerstören

Warum wollen wir nicht hören

Sie gibt uns Ruhe, Kraft und
Erholung

Geben wir ihr auch genügend
Schonung

Wir alle sind ein Teil von ihr

Natur ist die Lebensquelle pur

Natur-Beobachtung

Wir alle sind ein Teil von ihr

Selbstmord

Zu meinem Kopf
Ragte sich das Leben empor
Ich stehe hier unten
Und merkte nicht, dass ich fror
Hohe Ziele
Ein kurzer Moment
Dachte, ich fiele
Alles nur Täuschung
Endlich ausgepennt
Zu viele Wege
Doch kein Entschluss
Verkannt und verpönt
Der Todesschuss
Simple Gedanken
Schwieriger Weg
Zu viele Schranken
Glück schwer zu ertragen
Möchte nicht klagen

Indianer

Die Besten haben sie immer
schon umgebracht

Wertvolle Menschen seid Ihr
gewesen

Verehrt die Natur in ihrer
Pracht

An Eurem schönen Geist soll die
Welt genesen

Eure Bücher so traurige
Geschichten

Indianische Weisheiten, leider
verkannt

Man soll nicht vergessen von
Euch zu berichten

Aus Angst vor Euch wurdet Ihr
verbannt

Tabu

Bin ich allein

Fällt es mir ein

Kann ich es wagen

Und es Dir sagen

In der Gesellschaft zum Teil
noch tabu

Ich bin eine Frau

Trotzdem liebe ich Dich

Das wissen nur Du und ich

Verbotener Traum

Kann ich es wagen
Und es Dir sagen

Alkohol

Die Probleme kurzzeitig
vergessen

Gibt es keine anderen Interessen

Langeweile, Frust und
Einsamkeit

Am Wochenende ist es wieder
soweit

Versaufen den ganzen Verstand

Was ist nur los in unserem Land

Plötzlich mutig, ungehemmt
und frei

Die Sorgen werden einerlei

Doch nur kurzfristig währt das
Glück

Die Realität kehrt stets zurück

Kinder

Kinder mit ihrer grenzenlosen
Fantasie

Das Leben wäre eine Wüste ohne
sie

Es gibt Zahnlücken

Nichts zu unterdrücken

Du kannst beim Spielen zusehen

Die Großen werden es wohl nie
verstehen

Sie sind hilflos, klein und
schwach

Dennoch halten sie Dich wach

Sie testen ihre Grenzen aus

Sprechen Wahrheit frei heraus

Selbstmord

Good-Bye-Cruel-World, der
letzte Schritt

Das Glück aus meiner
Erinnerung glitt

Die Last im Kopf viel zu groß

Die Hoffnung und Freude, wo
sind sie bloß

Viele Methoden und wenig Mut

Das Leben beenden, schlecht
oder gut

Manchmal frage ich mich

Ob mir Selbstmörder leidtun,
oder nicht

Oder eher die, die nicht
aufgeben

Also die, die noch leben

Die höhere Macht

Bist Du selbst in großer Not

Bringt sie Dich wieder ins Lot

Sie zeigt Dir sorgsam Deine Spur

Folge Deinem Herzen nur

Viele in Verzweiflung sich
befinden

Sollten sich an einen Glauben
binden

Suchen stets bei anderen ihr
Glück

Gott weist Dich in Dich selbst
zurück

Kunst

Kannst Du Dich in ihr
ausdrücken

Wird sie Dich sicher entzücken

Manche werden es nicht
verstehen

Man muss sie mit dem Herzen
sehen

Uns wird es oft nicht leicht
gemacht

Viele werden sogar ausgelacht

Ein zarter Mensch mit feinen
Sinnen

Eine Möglichkeit, zu entrinnen

Der künstlerische Blick

Manche werden es nicht verstehen

Lass es zu

Lass es zu, wenn Du an einem
Abend tot sein willst

Und Du am Morgen
Lebensfreude fühlst

Lass es zu, wenn Du vor Liebe
in tausend Stücke brichst

Und vor Sehnsucht dumme
Worte sprichst

Lass es zu, wenn man Dir tief
in die Seele schaut

Und Dich immer wieder auf
den Boden haut

Lass es zu und nimm die
Waffe nicht zur Hand

Lass es zu, mit dem Rücken
dicht zur Wand

Lass es zu, wenn Deine
Gedanken sich im Kreise
drehen

Lass es zu, es wird schon
weitergehen

Lass es zu, wenn die Menschen
Dich aufsaugen

Lass es zu, doch lass Dich
nicht auslaugen

Lass es zu, Dein Fühlen von
Hass, Neid und Wut

Lass es zu, unter dem Eis
lodert die Glut

Lass es zu, versuche nicht zu
gefallen

Fange andere auf, wenn sie
fallen

Lass es zu, versuche DU
SELBST zu sein

Denn andere schätzen Dich
immer anders ein

Lass es zu, wenn die Menschen
über Dich reden

Lass es zu, lass ihre Worte
nichts in Dir bewegen

Lass es zu, wenn Du nicht
weißt, wo Du hingehörst

Lass es zu, wenn Du das
Gefühl hast, dass Du stirbst

Tod

Eines Tages wird er uns
erreichen

Es gibt kein Entweichen

Wir müssen ihm in die Augen
sehen

Dann werden wir seinen Sinn
verstehen

Oh Tod, die meisten haben Angst
vor Dir

Es erfordert Mut, das sagt man
mir

Die Rechnung bringst Du ganz
zum Schluss

Außer Dir gibt es kein Muss

Splitter

Ein harter Pfeil mitten ins Herz

Er steckt viel zu tief, ich spüre
den Schmerz

Pass auf mein Herz auf, es
könnte zerbrechen

Die Splitter, die fliegen, werden
sich rächen

Frau

Pass auf mein Herz auf,
es könnte zerbrechen

Herbst

Die Sommerzeit ist nun vorbei

Die Vögel Richtung Süden sind
frei

Blätter, die im Winde sich
drehen

Es ist schön, dem zuzusehen

Das Erntedankfest kommt nun
bald

Bunte Blätter liegen im Wald

Kinder laufen mit ihrer Laterne

Wir schauen zu, aus der Ferne

Regen, der vom Himmel fällt

Ist es nicht eine schöne Welt

Papa

Du hast es im Leben sehr weit
gebracht

Keiner hat besser zum Schluss
gelacht

Die Früchte Deiner Arbeit
erntest Du nun

Möchtest noch so vieles tun

Ich wünsche Dir noch viele
Reisen

Die Welt ist schön, es lohnt, sie
zu umkreisen

Deine Kinder stehen nun selbst
im Leben

Ganz gleich wonach immer sie
streben

Endlich Zeit für angenehme
Dinge

Fällt Dir nichts ein, tanze und
singe

Mutti

Mein ganzes Leben warst Du für
mich da

Ganz egal, was auch immer
geschah

Es war sicher oft anstrengend für
Dich

Du wolltest stets das Beste für
mich

Wir haben es uns oft nicht
leicht gemacht

Ich habe früher zu wenig
nachgedacht

Für Deine Hilfe danke ich Dir
sehr

Und das Schönste, wir streiten
uns nicht mehr

Bitte verzeih, was ich Dir
angetan

Auch Du hast mir sehr
wehgetan

Ich hoffe, es gibt Dich noch
lange Zeit

Ich bin nun für das Leben bereit

Die Autorin

Katrin Leißner wurde im Januar 1966 in Berlin geboren. Im zarten Alter von nicht einmal 2 Jahren ließen sich ihre Eltern scheiden. Von klein auf fühlte sie sich stets als  das Kind einer zerbrochenen Familie. Viele schmerzhafte Einschnitte in ihr Seelenheil waren die Folge. So entwickelte sie schon sehr früh eine nicht mehr enden wollende Sehnsucht nach Liebe und Geborgenheit. Anstatt zu finden wonach die verletzte Seele suchte, führte ihr Weg über Alkohol und andere Drogen in zerstörerische Beziehungen, Zerrissenheit und diverse Psycho-Therapien. Neben Sport, Lesen, Reisen, Musizieren und dem Glauben an Gott gelang es der Autorin vor allem durch Schreiben und Malen wichtige Schritte der Heilung gehen zu können und zu Zuversicht und Lebensmut zurückzufinden.